『大观南京』丛书（第二辑）

主编◎曹劲松

南京的百年名校

韩文宁 编著

南京出版传媒集团
南京出版社

图书在版编目（CIP）数据

南京的百年名校 / 韩文宁编著. -- 南京 : 南京出版社, 2024. -- (“大观南京”丛书). -- ISBN 978-7-5533-4959-6

Ⅰ. G649.285.31；G639.285.31

中国国家版本馆CIP数据核字第2024TQ1974号

书　　名　南京的百年名校
作　　者　韩文宁
出版发行　南京出版传媒集团
　　　　　南 京 出 版 社
社址：南京市太平门街53号　　邮编：210016
网址：http://www.njcbs.cn　　电子信箱：njcbs1988@163.com
联系电话：025-83283893、83283864（营销）　025-83112257（编务）

出 版 人　项晓宁
出 品 人　卢海鸣
责任编辑　谢　微
装帧设计　赵海玥
责任印制　杨福彬

排　　版　南京新华丰制版有限公司
印　　刷　南京凯德印刷有限公司
开　　本　787 毫米 × 1092 毫米　1/32
印　　张　3.625
字　　数　59千字
版　　次　2024年8月第 1 版
印　　次　2024年8月第 1 次印刷
书　　号　ISBN 978-7-5533-4959-6
定　　价　28.00 元

用微信或京东APP扫码购书

用淘宝APP扫码购书

前言

近代以降，新式学校出现，外国传教士在中国设教堂、开医院、播西学，教会学校由此成立。这极大地刺激了中国传统教育转型，促使传统学堂由旧学向新学过渡。

清政府为了维护统治，首先将军事现代化应用于新式学堂的创办中。南京相继筹设了江南水师学堂、江南陆师学堂以及附设的矿路学堂、侍卫学堂、江宁练将学堂等。鲁迅曾就读江南水师和矿路两学堂，并毕业于后者。

同时，当局开始自我调适，以变应变，传统官学教育发生骤变，学宫渐趋解体。作为私学的书院，也日见颓势。而在学校教育尚未普及之下的私塾这种传统教育形式，受到新学冲击，亦显落伍。

1898 年 6 月 23 日，光绪皇帝下诏改革科举制度，废除八股。嗣后，又令各省督抚督饬地方官将各级大小书院一律改为兼习中、西新学学堂。彼时，传统教育空疏无用的弊端日显，皆于实学无益。尽管南京本地书院得西式教育风气之先，教学内容相应增加新学，但主旨仍以汉学为主，故其革新势在必行。两江总督刘坤一将江宁文正书院改设为小学堂，中山书院改为中学堂，尊经书院、凤池书院改为校士馆，专习洋文的江南储才学堂改为江南高等学堂，以培养多识实用之才。近代以来，在勇于变革方面，南京从未缺席。

1901 年，受甲午战败刺激，以及西方文明进一步冲击，清政府宣布全面推行“新政”。教育方面，就是新式学堂剧增，这极大地促成了近代教育体系的建立。特别是 1904 年推出的“癸卯学制”，包括《初等小学堂章程》《高等小学堂章程》《中学堂章程》《高等学堂章程》《大学堂章程》等。其指导思想为“中体西用”，这对旧学制度影响极大，加速了南京教育的蜕变与新生。1905 年，科举被废止后，新式教育之优势愈加凸显，南京各式新校勃发，无论是办学层次还是学校类别，都领先一步。

在教育由传统向现代过渡的时期，南京与时俱进，始自清末，金陵大学堂、三江师范学堂等相继而生，南京的高等教育可谓执东南之牛耳。

民国已降，南京临时政府确立“注重道德教育，以实利教育、军国民教育辅之，更以美感教育完成其道德”的宗旨，强调新式教育的作用。五四运动后，破旧立新的意愿更加强烈，西方教育思想一度风靡，杜威、孟禄等教育家先后来南京讲学，传播新知。这对南京高等教育的进一步提升，起到了促进作用。

从中华民国临时政府肇始，直至抗战爆发，作为首都，南京开始了新一轮扩展。众多私塾被裁汰或改良，以鼓楼幼稚园为代表，拉开了学前教育向现代转型的帷幕。众多中小学布点，学龄儿童入学比例大幅上升，上学、读书渐成风尚。著名教育家陶行知、陈鹤琴的教育实践，丰富了中国的教育改革，为教育本土化贡献尤多。而以中央大学之名立校，更是继往开来，傲然卓立。

名城孕育名校，名校烘托名城，彼此映衬，相得益彰。作为“人文荟萃、士林渊薮”之地，南京在中国文化教育史上书写了浓墨重彩的华章，彰显了风雅与豪迈，可谓儒家书香、翰墨学林、文运之邦。

本书所列，从大学、中学、小学到幼儿园，皆为百年名校，都有璀璨一页。唯有晓庄学院，其历史虽未跨越世纪，但入门在即；且又因它在中国现代教育发展史上是独有的存在，故而作为特例一并收录。

百年名校，南京不止于此。但本书所取范围，则为伴随着悠悠岁月，至今仍在原址延续办学，书香不辍，且在办学与历史上具有代表性之校。特此说明。

目录

上篇

下篇

上篇

南京大学（1902）

在南京这块土地上，曾经有着世界最大的国立大学——明代国子监。然而，沧海桑田，经不起岁月荡涤，明代国子监仅仅经过数百年就消逝烟尘，踪迹难觅。但生命有轮回，是上苍的恩赐，还是历史的邂逅？20世纪初，一座崭新的学校屹立于此，她的名字叫“三江师范学堂”。比较有意思的是，前者诞生于大明盛世，后者则孕育于大清末世。如果时运有交错，那就是盛世余晖给黯淡的末世带来了一束昌明文运之光。

19世纪末，国濒危亡，唤醒国人求强思变，“御外侮而欲求强，为求强而欲变革”已成共识。一批追求进步的志士仁人首先呼吁“兴学图强”，变科举，兴学校，引西学，成为“百日维新”中教育领域除旧布新的重要举措。尽管“戊戌变法”失败，但“兴学育才”已入人心。

1901年，清政府实行“新政”，颁布《人才为政事之本》的兴学诏书，谕令各省督抚学政兴办各级学堂。南京大学的前身——三江师范学堂，便出世于这样一个历史节点，封疆大吏在它的建立中扮演了重要角色。

三江师范学堂创始的主导者，是1902年前后相继担任或署理两江总督的刘坤一、张之洞和魏光焘。1902年5月8日，刘坤一邀请张謇、缪荃孙、罗振玉等江苏学者、名流商议兴办学堂事宜，达成开办高等师范学堂之共识。5月中旬和下旬，刘坤一会同江苏巡抚，江苏学政先后上奏《筹办江南省学堂大略情形折》《筹办学堂情形折》，陈述办学主张。

当年10月，刘坤一病逝，署理两江总督张之洞等循着相关思路精心设计，于1903年2月5日正式奏请创建三江师范学堂。在奏折中开宗明义，重申“师范学堂为教育造端之地，关系至重”，并详尽阐述了创设理由、意义、章程学制、生员定额、师资来源及构成、办学经费及筹措渠道，等等。他禀报皇上：“兹于江宁省城北极阁前，勘定地址，创建三江师范学堂一所，凡江苏、安徽、江西三省人士皆得入堂受学。”

不久，张之洞回湖广本任，继任者魏光焘萧规曹随，积极组织实施，包括选聘教习、规划和建筑学堂以及落实经费，并制订了《三江师范学堂章程》，卓有成效。

1904 年 11 月 26 日，三江师范学堂开学，这是当时江苏的最高学府，“堪与京师大学堂比美”，亦是“中国师范学堂之嚆矢”。

1906 年 5 月，学校易名为“两江优级师范学堂”，时任江宁提学使李瑞清出任监督（校长）。他悉心兴学育才，成绩卓著，学校为江南各高等学堂之冠。从三江到两江的毕业生中，不乏著作等身的饱学之士和自成一家的一代宗师，如秉志、胡小石、吕凤子和陈中凡等。

1911 年底南京光复后，因兵事所致，学校曾遭遇

两江师范学堂教学楼——一字楼（［日］杉江房造《金陵胜观》，1910年出版）

停办。直至1914年方才复校，改称“南京高等师范学校”，江谦为校长，学校步入一个新的历史时期。1915年8月，学校正式招生，与北京高师、成都高师、武昌高师和广州高师同为我国最早创办的高等师范学校。初设国文、理化两部和国文专修科，均以培养中等学校师资为目的。至1920年又增设教育、英文、农业、工艺、商业和体育6个专修科。

1918年3月，校长江谦因病致休，由留美博士、教务主任郭秉文代理校长，翌年9月正式委任。郭秉文、陶行知、刘伯明等一批留美学者走到台前，以他们务实和求新的观念，开始对学校的组织架构进行改革，推进民主和教授治校。

郭秉文

1920年1月，郭秉文校长又将南高师的两个部合建成文理科，下设8系，即国文系、英文系、哲学系、历史系、数学系、物理系、化学系和地学系，再加上原有6科和新增的文理和国文专修2科，共有8系8科。其科系设置已具备综合大学雏形，为其后创设大学奠基。

这年9月，南高师开学习新风，实行“选科制”（即学分制）。此举不仅有利于学生志趣和才智的开发，也便于老师因材施教。

1920年暑期，南高师再上“热搜”，开放“女禁”，招收了第一期8个女生，校园中首度出现了婀娜多姿的身影。此举在全国亦属首开女禁的两所国立高校之一。自后，男女同校，不再成为新闻。

随着办学者自身表率，引领和推动了南高师的校风，提倡科学，学术昌明。民主科学的精神和爱国爱校的思想，渐次形成，“诚朴、勤奋、求实”成为师生遵循和追求的目标。

五四运动以后，全国教育联合会酝酿计划改南高师为大学。1920年4月，郭秉文首次提出“在南京高等师范学校校址及南洋劝业会旧址建立南京大学”的建议。9月，他携带计划前往上海与各方接洽，并商得张謇、蔡元培等作为共同发起人，联名致书教育部，建议在南京添设大学。12月15日，南高师接到教育部相关公文，郭秉文随即召开全校师生大会报告筹备过程，筹建大学的工作迅即展开。

1921年9月，国立东南大学正式开学。郭秉文出任校长，同时仍兼南高师校长。初始，南高师与大学不分彼此，两校共用一校园，教职员、经费和校产均属共有。

1923 年，南高师并入国立东南大学，学校实力大增，学科门类齐全，达到 5 科 27 个系，居全国之首。且名师云集，皆“一时英秀”；人才辈出，俱饱学之士，该校成为“当时为长江以南唯一的国立大学，与北大南北并峙，同为中国高等教育的两大支柱”。

并入国立东南大学的南高师名师荟萃，盛极一时，是有一定缘由的。1915 年 10 月，几位留学美国康奈尔大学的中国学生胡明复、赵元任、秉志、章元善、过探先、金邦正、杨杏佛、任鸿隽等，为了“联络同志，研究学术，以共图中国科学之发达”，成立了中国最早的现代科学学术团体“科学社”，它几乎囊括了当时社会科学、自然科学和技术界的精英。1918 年，随着包括社长任鸿隽在内的科学社主要成员大多学成陆续归国，先后入职南高师（东大）成为领军人物，科学社亦一并迁回国内，落脚于此，后改称“中国科学社”，故南高师（东大）是其大本营，成为学术研究的高地和重镇。

中国科学社云集了当时国内大部分顶尖人才，并在国立东南大学创立了中国最早的生物系（秉志）、地学系（竺可桢）、数学系（熊庆来）等系科。当时学人皆以受聘东大为荣，在此任职的教师，亦是各大名校争相聘用的对象。

1927 年，南京国民政府成立后，合并江苏境内专科以上的公立学校，组建成一所中国规模最大的国立大学，并于次年定名为中央大学。此后 10 年，虽经历九校合并之磨合、“大学区制”的试行、“易长风潮”引发的整顿等，但在全体中央大学人的共同努力下，学校很快便以其宏大规模、学科齐整、师资雄厚、学风诚朴等综合优势，赢得了“民国最高学府”之盛誉。

1937 年，日本发动全面侵华战争，中央大学举校西迁至重庆沙坪坝松林坡，并于当年 11 月复课，开启了一段战时教育。其后又在柏溪建立分校。是时，师生们备尝艰辛，筚路蓝缕，在抗战精神的感召下，克服重重困难，不断扩大办学规模，使中央大学的发展达到历史的鼎盛期。

这一时期的物质条件虽然艰苦，但师生们的精神生活亦很丰富。校园文化内容繁多，听名人演讲，参加社团活动。当然，频繁地钻防空洞，亦是每个人的“必修课”。8 年时光，师生们就是在这样的逆境中度过，山月无言，见证当时风雨岁月。

1945 年 8 月，日本宣布投降，新任校长吴有训着手学校东还，全校师生分 8 批重返南京。复员后的中央大学规模是战前的三四倍，共计有八大学院。各类学生近 5000 人，居全国各大学之首。

1946 年 6 月，国民党发动内战，社会凋敝，民不聊生。中央大学师生勇立潮头，发动“五二〇”爱国民主运动，成为校史中光辉的一页。

1949 年，三大战役结束，国民党统治已摇摇欲坠，即将覆亡。中央大学师生积极护校，迎接解放。

新中国成立后，该校更名为“国立南京大学”，开始了新型大学的历史性进程。次年 10 月，校名去“国立”而径称“南京大学”。

南京大学的奠定有两源，即主要由两校合组而成：一为，上述所言从三江师范学堂一路走来的中央大学；一为，汇文书院及其后金陵大学堂再到金陵大学。后者是民国时期著名的教会学校，今日汉口路南京大学校址，即为金陵大学旧址。

金陵大学办学历史，可以追溯到 1888 年创办的汇文书院。从初创到发展，渐成文、理、农、工、医等多学科的综合大学。

1949 年南京解放后，囿于特殊时期和特殊原因，

民国初年的金陵大学堂校门（邓攀《老照片·南京百年影像》）

金陵大学无法独立办校，经协商，与金陵女子大学合并。经过整顿和改革，公立金陵大学于 1951 年 9 月诞生。自此，作为教会大学的金陵大学便不复存在，但校园内一组全国重点文物保护单位的建筑群，依旧镌刻着悠悠往事。百年大学，桃李芬芳，金陵大学培养了众多人才，他们都在各自领域做出了骄人贡献。历史的书写，会记上这一笔。

为了适应新中国建设之需，1952 年开始“以华北、华东区为重点的全国高等学校院系大调整”，金陵大学并入南京大学。

经历了似如“二月春风”的院系大调整，原南京大学被拆分得七零八落，星散四处。成全了其他院校，自身却留下了难以弥补的缺憾。

但南大人没有自弃，全校师生勠力而为，在艰难探索中“自我救赎”，留下了一个不屈的身影。

历经“文革”十年，在拨乱反正中振兴，在改革开放中崛起，南京大学“活出”了新的高度，这无疑是一段令人叹为观止的教育传奇。值得一表的是，胡福明教授《关于实践是检验真理的唯一标准》一文，开启了中华新的征程之门，迎来一个求真务实的更始时代。

新时期的南京大学，首批入选国家“985 工程”和“211 工程”大学建设之列，首批入选国家“双一流”建设高校，首批入选国家级双创示范基地。这既是对以往工作的一种肯定，亦是对南大未来发展提出了更高要求。学校专门制订了《南京大学创建世界高水平大学规划》，明确了“创建”的总体思路、阶段目标和具体措施，力争在一段时间内跻身世界高等教育和科学技术前沿领域，进入以综合性、研究型、国际化为重要标志的世界一流大学行列。

随着国家确立“科教兴国”战略，加大对教育的投入，南大进入了一个快速发展的通道。抓住机遇，大胆创新，有所突破，形成“南大特色”。无论是学科发展还是人才培养，皆位居前茅，始终处于中国大学的第一方阵，获得了公认的社会影响和学术声誉。

南京大学北大楼

南京大学大礼堂

在一个多世纪的办学历程中，南京大学及其前身始终与时代并进，与民族共生，为谋国家之强盛、求科教之进步，做出了重要贡献。

南京大学的前身即以“科学名世”。格物致知、追求真理的科学精神和传统，始终贯穿于学校脚踏实地的行迹中。南京大学的办学事业已经踏上新的百年征程，面向未来，向加快建设中国特色、南大特质、时代特点、世界一流的“第一个南大”砥砺前行。

东南大学（1902）

东南大学由原国立中央大学工学院一部分组建而成，四牌楼校区即为其旧址。学校大门的上方，依稀可辨当年校名的痕迹。

历史，在这里得以延续，今天校园中学术氛围依旧浓烈，从未止步；三江精英荟萃，代有才人。

步入校园，高大的梧桐树，遮天蔽日；两旁是大片的草坪，绿意盎然。顺着笔直的大道前行，尽头即为当年中央大学穹窿顶的大礼堂，乃为昔时和今日学校的标志性建筑。

东南大学前身是创建于 1902 年的三江师范学堂，与南京大学同源，如今已过百廿年华。1921 年，以南京高等师范学校为基础组建国立东南大学，下设工科，其后又经历了国立第四中山大学工学院、国立中央大学工学院、国立南京大学工学院等各个历史时期。

1952 年全国高校院系调整，学校文理等科迁出，以原国立中央大学工学院为主体，先后并入复旦大学、交通大学、浙江大学、金陵大学等校相关系科，建立南京工学院。1988 年 5 月，学校复更名为东南大学，与古都相依而行。2000 年 4 月，原东南大学、南京铁道医学院、南京交通高等专科学校合并，同时并入南京地质学校，组建新的东南大学。

中央大学的工科，始自其前身南京高等师范学校，以造就工业专门人才、研究发展中国工业的方法与学理为宗旨。它源于 1916 年 7 月开设的工艺专修科。当时，南高师深感我国职业教育缺乏，故仅以工艺为限。成立不久后，认为要发展中国工业，非培养专门人才不可，于是改变原定计划，开办机械工程教育，名为工艺专修科，实为机械工程科。

1920 年冬，国立东南大学成立即以南高师工艺专修科为其工科之基础，初设机械工程系，创设人为著名学者周仁。他毕业于美国康奈尔大学，研究方向为冶金。他于 1917 年返国，出任南高师教授，讲授机械工程课，为东大工科发展贡献尤多。

1922 年，留美博士茅以升回到南京，于 7 月受聘为东南大学工科教授，继之出任工科主任。1923 年 3 月，他和杨杏佛等 7 位教授联名致函校长郭秉文：“我国实业不振，多有人才缺乏。近来专门教育提倡虽力，而顾此失彼，组织多未完善。本大学学制以农、工、商与文、理、教育并重，寓意甚远。此种组合为国内所仅见，亦即本大学精神所在也。唯农、商两科均已树立基础，效用显著，独工科抱残守缺，迄无发展，长此以往，将为大学之玷。同人等远模欧美之成规，近察国内之需要，觉工科现状非扩充无以自存。”提出添增土木、电机两系，并详述开办缘由及设想：“本大学各科大抵由3系以上组成，而工科仅办机械工程1系，殊不足当科之称。”又言，“土木、电机及机械3系，功用虽异，性质相近，具有密切关系，所需人才、设备均可互助通用，3系并设最为经济”，且“土木系为工科之主干，凡有工科之学校，几无不以土木为先务”。强调“今日世界工业莫不仰赖电力，故发展一国实业，电机工程实不可少”，因之，“土木系拟办建筑、营造、道路、市政各组，均为国内所急需而通国所无者”，“电机系拟办之电机制造、荷电铁道及无线电各组，俱为现世最新之工业，国内最急之需要”等。

校务会议一致通过提议。当年，国立东南大学工科即增添土木、电机两系，由此开启规模办学，成为当时我国大学中设系最多的工科。

由于办学经费拮据，1924 年，东大不得不忍痛割爱，宣布暂时停办工科，其剥离出的工科，与国立河海工程专门学校另组河海工程大学。暂时的收缩，虽属无奈之举，但却为后来中大工科的建立，积聚了有生力量。待 3 年后，河海工程大学整体并入中央大学时，其工科实力得到很大提升，可谓“失之东隅，收之桑榆”。

1927 年，国立东南大学在动荡的时局中改组为国立第四中山大学，1928 年定名为国立中央大学，成为全国最高学府，理学、工学均得到极大扩充，尤其是

国立中央大学图书馆

工学院成为中大系科最全、规模最大的学院。

南高师、东大最成功之处，莫过于延揽了一大批著名学者，使各系科均有国内一流领军人物，专业特色显著。郭秉文校长延师有道，促成了中国留美学生创建的“科学社”迁址南高师校园，建立了人才“绿色通道”，令人艳羡。

由于“科举取士”等历史影响和清末“法政热”等现实因素，重文轻理在民国初年无甚改观，即便大学教育也未能完全走入新途，导致科学人才匮乏。而彼时的南高师和东大却与幸运之神不期而遇，它们因科学社的迁入而占得先机。虽不能言揽天下之英才，但尽收各路人杰，罗致了以中国科学社成员为骨干的一批“海归”，他们几乎皆出名校，非硕士即博士。这使得学校理、工、农科学术繁盛，在全国脱颖而出，成为一支重要的学术力量。

不唯如此，受科学社影响，得益于受到严格的科学训练，南高师、东大在学风上尤重学术研究和方法。大学与科学社虽不同属，却形同一家，人员互兼，合作密切，这对教与学，对研究工作的开展和人才培养，皆大有裨益。五四运动以后，东南大学成为归国留学生的主要去处之一，据 20 世纪 20 年代《国立东南大学教员履历》统计，理工科教员几乎是清一色“海归”。他们经此不断历练，渐成一代名师。许多学者后来受聘其他著名高校，一些系科专业亦由他们创设，堪称鼻祖。

在120余年的办学历程中，东南大学追求卓越，形成了“严谨、求实、团结、奋进”的优良校风和“以科学名世、以人才报国”的办学理念，铸就了“止于至善”的校训精神。

今日的东南大学是以工科为主的综合性、研究型大学，涵盖哲学、经济学、法学、教育学、文学、理学、工学、医学、管理学、艺术学等门类。有12个学科入选国家“双一流”建设学科名单、5个学科在第4轮学科评估中获得A^{+}，两者均列全国第8位。

东南大学专业最强者，莫过于建筑，闻者仰视。它是中国现代建筑学学科的发源地，现代“建筑四杰”中，刘敦桢、杨廷宝和童寯3位先生均执教于该校。其中，被誉为“一人半城”的杨廷宝，给南京留下了诸多经典建筑。倘若你游走在这座城市中，不经意间就能和这些建筑不期而遇。多年来，建筑系为国家培养了众多建筑类高级人才，其中院士12名，全国工程勘察设计大师15名。其次还有土木工程、电子等系科，亦是专业强大，学术水平居于前茅。

东南大学把人才培养作为办学之本，声誉卓著，一个多世纪以来为国家和社会培养了 30 余万各类优秀人才，一大批精英翘楚在各行各业为国家建功立业。

今日的东南大学，秉承和践行百年优良传统，全面推进多学科融合、理工文医综合、产学研结合、国际化联合，努力实现人才培养和科学研究的重大突破，争取早日建成具有鲜明中国特色、东大气质、人民满意的世界一流大学。

东南大学大礼堂

南京师范大学（1902）

这里是东方最美丽的校园之一，传统宫殿式大屋顶建筑，高大巍然，通过连廊，将9幢房屋融为一体。位于正中主楼前硕大的草坪，满满的绿意，令人心旷神怡。100多年前，在这片荒芜之地，一座女校拔地而起，之后，它充满故事，乃至传奇。金陵女子大学的名字，已深深印刻在岁月中。这里何止有风景，还有诸多回忆……

古代中国，女性地位低下，识字者甚少。像卓文君、李清照之才女，凤毛麟角，除了自身天赋异禀外，更多的属于家庭之幸。这种冥冥之中的眷顾，可遇而不可求。

清末民初的中国，正值百废待举，美国8个传教会人员相聚沪上，谋划在长江流域开办一所女子大学，以开启民智。该决定得到北美浸礼会、基督教友会、南北美洲美以美会及北美长老会的资助，几方决定各提供 1 万美元，另有数千美元捐助。1913 年夏，由各教会选出 3 人组成校董会，是年 11 月 13 日，校董会公推北美长老会代表德本康夫人任扬子江流域妇女联合大学首任校长。次年 11 月，教会的管理董事会正式通过该决定，并以金陵女子大学命名该校。

1915 年 9 月 17 日，金女大租用南京绣花巷李氏宅院为临时校址，招生开学，8 个学生和 6 个老师参加了开学典礼。第一年仅有 13 个注册学生，平均年龄为 24 岁。初设文、理两科，课程有中文、英国文学、修辞学、宗教、基督生活、卫生学和绘画，以及哲学、化学和数学，除中国古典文学外，皆用英语教学。

金陵女子大学第一批新生（1916年摄）

1919年6月，金女大有了校徽、校歌和“厚生”之格言，此外还以紫色为其独有校色。同年夏，德本康夫人去美国筹集建校基金，于1921年在宁海路南端西侧之陶谷购地建校，即今南京师范大学随园校区。

“陶谷”和“随园”这两个地名非同寻常。前者相传是历经南朝宋、齐、梁三代的著名道教科学家、有着“山中宰相”之称的陶弘景曾居住于此。后者则为清代江南首屈一指的大才子袁枚的私家园林，被誉为“处处有画图之妙，城中名园无出其右”。

1923年7月，由美国建筑师墨菲设计的校园落成后，学校迁入新址。至次年秋，设有英文、历史、社会学、数理、化学、生物、体育、医预科等系科。同时添设附属实验中学，作为毕业生实习的教学场所。1927年又增设国文系。

除了外籍教师外，一些金女大毕业生留学归来后入职母校，成为新生力量。此外，还聘用部分造诣精深的教授，这使学校的师资水平和教学质量得到很大提升。

国民政府成立后，决定收回教育主权，所有教会学校执掌者皆由国人担纲。金女大校长德本康夫人于1928年辞去校长一职，于是推选贤能者为校长就成了当务之急。经校董会慎重讨论，一致推选金女大首届毕业生吴贻芳为新一任校长。当时，吴贻芳的论文未毕，但她考虑到母校需要，表示甘愿先行回国相助，惟校长一席不敢接受。她这种无私精神，深得校董会赞誉，遂将聘书转交于她。后在校方的帮助下，吴贻芳提前做好毕业论文并顺利通过答辩，及时回到国内就职。

吴贻芳生于1893年，1919年毕业于金陵女子大学，1922年留学美国，在密执安大学攻读生物学，1928年获得博士学位。1928年11月，吴贻芳出任母校校长。

作为一位伟大的女性，吴贻芳的魅力不仅在于她是中国第一位女子大学校长，还在于她把毕生精力都贡献给了教育事业、贡献给了这所学校。她爱学生如子女，清贫一生，又富有一生。她终身未婚，可谓是嫁给了“教育之神”。

吴贻芳为教育事业倾注了毕生心血，她为金女大制订校训时说：“人生的目的，不是为了自己活着，而是要用自己的智慧和能力来帮助他人和社会，这样不但有利于别人，自己的生命也因之而更为丰满。”校友们亲切而自豪地称这种精神为“金陵精神”。

1930年12月，金女大立案照准后，更名为金陵女子文理学院。抗战爆发后，分散在上海、武汉、成

吴贻芳（左一）等在金陵女子大学校园

都3地办学，1938年1月集中迁至四川成都华西坝。

南京沦陷前，约翰·拉贝等外籍人士设立安全区国际委员会，并划定相关区域，以便庇护难民，金女大校园即为难民收容所之一。美籍教授明妮·魏特琳（中文名字华群）女士、舍监程瑞芳女士以及其他几位护校留守人员，不辞辛劳，不惧风险，在日军南京大屠杀暴行中，保护了部分妇孺儿童免遭劫难，书写了沉重而难忘的一页。如今，校园中树立着明妮·魏特琳的塑像，“金陵永生”就是她崇高的写照。

抗战胜利后，金女大于1946年9月在南京原址招生开学。至1950年设有中文系、外文系、社会学及社会工作系、历史系、音乐系、体育系（体育专修科）、生物系、化学系、家政系（1951年初改为儿童福利系）、地理系、托儿工作专修科、医预科、护预科等专业。在校生达223人。金女大累计毕业生达994人，有“千朵玫瑰”之誉。

新中国成立后的1951年，金陵女子文理学院与金陵大学合并，成立公立金陵大学。1952年全国高校院系调整，在原南京大学、公立金陵大学等有关院系的基础上组建南京师范学院，校址设在金陵女子大学旧址。

学校源出的另一支，则为南京大学（始自三江师范学堂）创立之初开设的教育类课程，故该校历史可追溯至1902年。1918年5月，南京高等师范学校添设教育专修科，著名教育家陶行知曾任科主任。该科设教育、体育、心理、乡村教育等4系。次年8月，陈鹤琴归国，任教于南高师。自后，教育专业不断发展，成为我国高等师范教育学科的重镇，名师云集，有郭秉文、陶行知、俞子夷、郑晓沧、姜琦、朱君毅、孟宪承、廖世承、陆志韦、陈剑袺、程其保、陈鹤琴、

南京师范大学今景

凌冰、艾伟、程湘帆、汪懋祖、赵叔愚、卢颂恩、张信孚、罗炳之、徐养秋等一大批从事心理学和教育学的教授，成就卓然。再后来，则升格为中央大学师范学院，为该校八大学院之一，涵盖了教育、心理、幼教等诸多学科，名师荟萃，成就一时之盛。

1984 年，学校更名为南京师范大学。1996 年，进入国家“211 工程”高校行列。2000 年，南京动力高等专科学校并入。2017 年，入选国家首批“双一流”建设高校。目前，学校正着力建设“特色鲜明、有国际影响的一流大学”。

未来，学校将继续坚持创新驱动、开放融合、高原造峰、特色发展战略，统筹内涵式、综合性、研究型、国际化 4 条路径，实施人才集聚、资源汇聚、治理优化三大战略举措，坚持高质量发展与“双一流”建设双轮驱动，全面建设特色鲜明、有国际影响力的一流大学。

河海大学（1915）

水利直接关乎农业经济，解决得好，百姓安居。换言之，水利堪称农业命门，言重一点，更是江山社稷之基石。欲求治国，必先治水。

中国古代治水，很有一套，譬如大禹治水，再如四川都江堰，都是值得夸赞的水利人和水利工程。但现代水利并不简单，除了传统疏浚、护坡、引流、分水、灌溉外，还有拦河筑坝、水旱防灾、水域资源环境及水处理等重要内容。于是，专门的学校便应运而生。

河海大学是一所拥有百余年历史，以水利为特色，工科为主，多学科协调发展的教育部直属全国重点大学，是实施国家“211 工程”重点建设、国家优势学科创新平台建设、“双一流”建设的高校。学校在治水兴邦的奋斗历程中发展壮大，被誉为“水利高层次创新创业人才培养的摇篮和水利科技创新的重要基地”。在南京设有西康路校区和江宁校区，另有常州校区。

在“实业救国”“教育救国”的浪潮中，河海大学的前身河海工程专门学校诞生于1915年。它是由近代著名爱国实业家和教育家张謇创立，是中国第一所培养水利人才的高等学府，开创了中国水利高等教育之先河。

张謇（卢海鸣《南京近代建筑》）

1914年8月，毕业于哈佛大学的许肇南回国，适逢北洋政府农商总长兼全国水利局总裁的张謇愤然于袁世凯对日不力而南归，有意发展地方实业与教育事业，但又苦于无技术人才相助，于是前往拜见，提出筹设河海工程专门学校，两人一拍即合。随后张謇出面向当时冀、鲁、苏、浙四省当局筹得银洋4万元作为学校开办费，校址暂设于城北丁家桥江苏谘议局。时任江苏省教育司司长的黄炎培出任筹备主任，许肇南被聘为第一任校长，近代著名水利专家李仪祉则担纲教务主任，并亲授水力学、水文测量等课程。

1915年2月7日，学校分赴河北、山东、江苏、浙江四省招生。分正特、科，各班40人。3月15日，学校举行开学典礼，张謇亲往参加。

全国水利局河海工程专门学校（1917年摄，邓攀《老照片·南京百年影像》）

许校长任职期间，克服种种困难，热心办学。他恪守张謇倡导的办学宗旨：一、注重学生道德思想，以养成高尚之人格；二、注重学生身体之健康，以养成勤勉耐劳之习惯；三、教授河海工程必需之学理技术，注重实地练习，以养成切实应用之智识。

事事垂范，常抱“持己则以奋勉笃实为归，待人则以仁民爱物为志，师徒一堂，相为诚勉”的态度，这就是许肇南校长。他“精心擘划，校规学风均称整饬，毕业生成才甚多”，深得赞许。

河海工程专门学校成立之时，新文化运动已在北京发轫，由于该校特殊的文化背景，《新青年》等进步刊物得以在学校图书室公开陈列，为学生阅读相关读物提供了方便。在民主思想的感召下，先后就读于该校的老一辈无产阶级革命家沈泽民、张闻天积极投身其间。张闻天发表的《社会问题》一文，以马克思主义唯物史观，在观察剖析中国社会的现状之后，提出了解决办法，即彻底推翻封建统治阶级。关于革命的动力，认为应是“劳农界人”，即工农大众。该文对传播马克思主义极具意义，张闻天也因此成为南京地区传播马克思主义的第一人。

当时的河海十分注重对学生综合素质的培养，每周都举行演讲会，参加者有校外社会名流，亦有校内各科教席。演讲的内容丰富多彩，学生增广学识，开阔眼界，受益匪浅。

1924 年，东南大学决定暂行停办工科，主要囿于经费奇缺。当年 4 月，校董会开会审核 1924 年度预算案，按照东大发展情形及需要，预算极应扩充，但据当时国家的经济状况，势须核减。减在何处？便成为问题焦点。董事们认为：文理科作为大学基本学科，应循环进行；教育科为南高递嬗而成，毕业生极得社会信仰，国内大学教育者尚少，而且没有像东大那样办理完善的，应予逐渐扩张；农科开办甚早，根柢已深，事业亦多，应就现有之局面充实其内容；商大设于上海，适应本国商业之需，理应设法扩充。工科虽有良好之教授，尚未能达工科大学应有之标准，欲期完善，非大加扩充不可，然国家财力之困难，断难办到。一言以蔽之，其他诸科都保留了，唯独工科暂行停办。

当年秋，东南大学工科从学校划出，与河海工程专门学校组建成国立河海工程大学。东大原工科主任茅以升担任校长。此举令河海工程专科学校如虎添翼，更在办学层次上高升一步。

1927 年，东南大学在停摆了一段时间之后，以第四中山大学命名复校。国立河海工程大学并入该校土木工程系。后历经江苏大学工学院土木系、中央大学工学院水利组、中央大学水利系、南京大学水利系等多次更名。

1952 年，南京大学水利系与交通大学、同济大学、浙江大学等高校的水利系科以及华东水利专科学校组建华东水利学院。1960 年，学校被认定为全国重点高校。1985 年，恢复传统校名“河海大学”。

学校坚持立德树人，弘扬务实重行的教育传统，

河海大学今景

培养了20余万毕业生。以“宽基础，强实践，重创新”为导向，持续深化综合改革，形成了规模稳步扩大、布局结构更加优化、体制机制更加健全、资源配置更加合理的教育新格局。

学校打造高层次创新平台，拥有多个重点实验室和研究中心。主动服务国家重大战略、行业需求及区域经济发展，以保障国家水安全、服务高质量发展为己任，在水旱防灾、国家水网重大工程建设、河湖生态环境治理、智慧水利建设、新能源开发等重点领域，紧密结合三峡工程、南水北调工程、西南水电开发、流域综合治理等重大工程建设管理，承担了诸多重点、重大研究计划和科研项目，实现了一系列引领性、原创性和标志性成果产出，多次获得全国和省部委奖。

新时期，学校将秉承“艰苦朴素、实事求是、严格要求、勇于探索”的校训精神，坚定不移推动高质量发展，朝着世界一流特色研究型大学迈进。

南京晓庄学院（1927）

陶行知

南京晓庄学院位于中央门外，历史近乎百年，其前身是陶行知先生于1927年3月创办并任校长的晓庄试验乡村师范。同年10月，著名教育家蔡元培任学校董事长，并在校执教，且亲书“教学做合一”校训。

陶行知的名字，是与中国近代教育紧密连系在一起的。这位伟大的人民教育家，把他的一生都献给了教育事业。

中国一向是重视教育的国度，但有一点必须正视，在封建社会，精英教育唱主角，有钱才有机会读书，知识不属于平民大众。普及教育的事，更是少有人问津。

一个没有文化的民族，是没有希望的民族。教育乃国家之本，可谓“十年树木，百年树人”。正是基于这一点，陶行知积极投身其间，努力践行自己的人生目标。

陶行知（1891—1946），安徽歙县人。1914 年毕业于金陵大学。后赴美留学，获政治学硕士学位。五四运动前后，提倡新教育，主张要建立“适合国情，适合个性，适合事业、学问需求的学制”。他于 1921 年创立中华教育改进社，后又组织南京平民教育促进会，力主“教育救国”。

1923 年，陶行知毅然辞去东南大学教育科主任的职务，置身于面对普罗大众的教育实践中。1927 年 3 月 15 日，他在中央门外劳山脚下创办了南京试验乡村师

陶行知亲自设计的晓庄师范校旗

范学校，又名晓庄师范、晓庄学校。

晓庄师范以“培养乡村人民儿童所敬爱的导师”为总目标，要求学生应具有农人的身手、科学的头脑、改造社会的精神、健康的体魄和艺术的兴趣。各科教员一律称指导员，与学生同生活，指导学生教学做。学校设有乡村小学师范院、乡村幼稚师范院、中心小学和中心幼稚园等。

学生入学考试主要为家事或土木工操作、智能测验、常识测验、作文及演讲。学习年限暂为一年半。主要课程有：中心小学活动教学做、分任院务教学做、征服自然环境教学做、改造社会环境教学做和学生自动的教学做。

陶先生初名文濬，因信仰王阳明“知行合一”，改名知行；后主张“行是知之始，知是行之成”，又更名“行知”。他把这一观点贯穿于整个教育之中，主张社会即学校，生活即教育，教、学、做合一。

陶行知以赤子之忱和巨大热情投入到教育改革中，设想通过教育，改善平民百姓的生活。他对我国教育现代化做出了开创性贡献，不仅有理论探索，更以“甘当骆驼”的精神去努力践行。针对旧教育把培养“人上人”作为目标，指出新教育应培养全面发展的“人

晓庄师范旧影

中人”，“教人求真，学做真人”以及“捧着一颗心来，不带半根草去”的奉献精神。

晓庄师范创办以来，吸引了大批优秀青年前来读书，也吸引了处境日益艰难的各地共产党员和进步青年。1928 年，学校建立党、团组织，领导学生积极参加声援和记洋行工人罢工的示威游行等革命活动，在当时南京中共地下党支部中，工作开展得较好，曾受到省委、市委表扬。

1930 年 4 月，学校遭当局查封，汤藻、叶刚、石俊、谢纬棨、袁咨桐、沈云楼、郭凤韶、姚爱兰、胡尚志、马名驹等晓庄党团学生被国民党杀害，长眠于雨花台，史称“晓庄十英烈”。陶行知受通缉，被迫避居日本。

新中国成立后，南京晓庄学校于 1951 年在原址复校，次年改称南京晓庄师范学校，1955 年更名为江苏省晓庄师范学校，1971 年以南京市晓庄师范学校命名。

南京晓庄学院于 2000 年 3 月由南京市师范专科学校、南京教育学院、南京市晓庄师范学校三校合一，升格为本科院校。2014 年 10 月，南京幼儿高等师范学校并入，学院得以再度扩容充实。

晓庄学院是我国乡村师范教育发祥地，是近代中国教育家精神策源地。它始终与民族复兴命运与共，在教育改革和发展的历史进程中发挥了积极作用。陶行知、蔡元培、赵叔愚、陈鹤琴、黄齐生、陈志潜、杨效春、江问渔、张宗麟等一大批名师先贤曾在此执教。

学校传承弘扬了陶行知教育思想精髓，坚持培养

南京晓庄学院今景

一流本科人才，建校以来，为社会培养输送了约20万名基础教育师资和各类专门人才，其中包括数万名中小学特级教师、教学名师和教育管理者。

晓庄学院致力于“学术晓庄”，充分发挥学科科研引领作用，努力建成省内一流、国内外知名、对南京区域发展有重要贡献的高水平大学。

南京市女子中等专业学校（1884）

人人受教，通文识字，今日已十分寻常。但在旧时却绝非易事，尤其是女性，少有上学机会。随着社会变革，她们逐渐获得了学习的机会。

在南京莫愁路上，有一座美丽的校园——南京市女子中等专业学校，今名南京财经高等职业技术学校。其前身可以追溯到美国基督教北美长老会于1884年创办的私立明德女子书院，这是为了传播西学在南京地区最早兴办的教会学校。

西风东渐，基督教堂、西式医院和新式学校相继成立。美国教会在南京城西四根杆子（今莫愁路419号）建造了一座“大美国福音堂”，用作传教。经过10余年布道，渐成气候，于是在福音堂西北陆续建造了教学楼、宿舍、小礼堂和图书馆等。清光绪十年（1884）十月十五日，正式创办学堂，名为“私立明德女子书院”。书院之名取自儒家经典《礼记·大学》

开篇首句："大学之道，在明明德。"学习是为了"穷理正心修己"，以此彰显高尚品格，其意隽永深远。

"明德"不仅是校名，而且已然成为这所学校的精神内核，这看似温润内敛的校训，不啻饱含厚重的人文精髓，充满了家国情怀的意蕴。

是时，南京城内尚无一所公立或私立女校，该校是南京女中的先声，首开女性受教育之风，具有划时代的意义。第一任校长为创设人美国的李满夫人。

开学之初，学校既不为人所知，亦不明其存在之用，故而仅有 1 名学生，历时 3 年学生数方才达 7 人。之后，学校渐为社会所接受，受众者日多，并逐年添招新生，增建新舍，发展且行且远，到 1903 年已有首届中学毕业生。其规模亦由初创时的小学、初中，发展成完全中学。

明德女子学院，教规严格，治学有方，学生全部住校，平时不许外出。入学者多为政府官员、社会名流、工商富室、基督教徒的淑女闺秀。学校倡以"非以役人，乃役于人"之精神，以培养学生服务大众、服务社会的大爱意识。亦注重对学生情趣的熏陶，使之全面发展。学生毕业后，有的出国留学，继续深造，人才培养初见成效。

1911 年辛亥革命后，私立明德女子书院更名“私立明德女子中学”。1925 年，学校推行新学制，分设高中部、初中部、小学部与幼稚园。是时，学校无论是在教学设施还是办学规模上，在南京所有女中里可谓首屈一指。国民革命军北伐之前，执掌学校的皆为美国人，1927 年以后，随着教育权的收回，开始由国人担任校长。首任华人校长为张芗兰，其后为李美筠和黄丽明。前两位在新中国成立后皆为南师大教育系教授，后一位则毕业于金女大体育系，留美硕士，曾担任金女大体育系主任。1946 年，受聘明德女中校长兼明德小学校长。

抗战爆发后，日军侵占南京，强征明德校园，将其改名为南京日本高等女子学校，专收日本官员子女。

1945 年，日本投降，同年 10 月，学校得以恢复，重新步入正轨。招收的学生，全部寄宿，统一管理。学校每年会送一些品学兼优的高中毕业生出国深造，其余则入金女大等校读书。学校总体规模不大，至 1949 年南京解放，仅有 7 个班，250 名学生。国民党元老、监察院院长于右任的两个女儿于绵绵和于无名，著名文学家许地山的女儿许燕吉，还有著名诗人余光中的夫人范我存，都曾在该校就读。

1947年，私立明德女子中学暨小学、幼稚园全体毕业生留影（南京市档案馆藏）

1952 年 10 月，私立明德女子中学收归国有，改为公办，更名为“南京市第五女子中学”。在政府的统一规划和领导下，各项工作有序推进。新建了教学楼，增添了教学设备，充实了师资力量，该校成为我市具有一定规模和声誉的完全中学。至 1966 年上半年，学校已扩展为 30 个班，拥有 1600 名学生。

“文革”期间，教育事业遭到冲击，学校先后更名为“南京市群星中学”“抗大二附中”以及“南京市第三十六中学”，亦不再专为女校，开始招收男生。

1986 年重又恢复为女校，并根据经济和社会发展需要，由普教改为职教，将该校定名为“南京市女子中等专业学校”。1989 年，南京市幼儿师范迁入，两校合并。分为职业教育和师范教育两大类，设置公关文秘、宾馆服务、幼儿教育等多个专业，培养具有专业学识和操作技能的中等人才。2005 年 11 月，启用“南京幼儿高等师范·女子中等专业学校”的校名。2016 年 8 月，原南京财经学校与原南京市女子中等专业学校正式合并，更名为“南京财经高等职业技术学校”。

回望历史，100 多年来，学校共培养了万余名学生，真是群芳竞艳。她们当中涌现了一批巾帼英雄，为社会贡献了自己的一份才识和力量。当年校园内的老建筑，犹如一位长寿尊者，依然饶有生机。那斑驳岁月的留痕，仿佛喃喃叙述着过往的一页，令人品之，回味绵长。

下篇

南京市人民中学（1887）

女子教育开展的程度，是教育近代化的重要标志。自晚清国门打开后，促使中国的女校萌生。南京女校之发端，肇始于清末教会学校。

南京市人民中学（南京市汇文女子中学）始建于光绪十三年（1887），由美国基督教卫理公会女传教士沙德纳（译名）初创。沙德纳在估衣廊设小学，仅有6名从芜湖带来的学生，由她亲自执教，时人称之为“沙小姐学堂”。不久，改称“女布道学堂”。1899年，正式设立初中部。光绪二十八年（1902），定名为私立汇文女子中学。之后规模逐渐扩大，到1905年，有初中8个班，高中6个班。学校于1930年为南京市教育局立案批准，经过较长时间的发展，各项已臻完善，成为具备一定规模且办学历史最长的一所完全中学。校长已由国人担任，但体制归属仍为教会。

北京贝满女中、湖南周南女中、上海中西女中、

汇文女中（1934）

南京汇文女中，这是民国时期全国四大女子名校。其中，汇文女中是众多南京小女生心中的梦想，当年在她们眼中，那里就像一座高不可攀的神秘殿堂。能进入这所学校上学，是一件非常幸福的事。她们渴望成为新女性，成为社会中有用的一员。这一挥之不去的情结，始终系于她们的心田。

汇文女中的建筑全为西式，一栋栋洋楼掩映在碧树红花之中。伴随着鸟语花香，教室里传来书声琅琅，吟古诗，习英文，汇合成女中特有的书香。学校统一着装，整齐划一的校服，看上去是那样的婀娜，如醉眼迷人的白玉兰，透出淡淡的清香。

当然，在学校里，学习是主要任务，英文学习更是重中之重。外籍老师全英文授课，听、说、读、写，要求学生“四会”。学好不易，但入门了，绝对收获满满。所以，该校毕业生的英文水平都是一级棒。

汇文女中的课程设置分为两类：一类是“国文、外国语、历史、地理、数学、博物、物理、化学、法律经济”，颇似今日学校之主课；另一类无疑从性别视角出发，反映女中的特点，如“修身、图画、手工、乐歌、体操、家事、园艺、缝纫”。所有课程分“必选”和“自选”两种，初中以“必选”为主，“自选”为辅，首在提高学生的科学素质和人文素养；高中以“自选”为主，辅之“必选”，旨在满足个性发展，塑造学生特有的生活实践能力。

学校的管理甚为严格，教化育人，不只对念书，修身举止亦具美德。班级间校纪校风的评比，足以证明，这可不是说说而已。一人不正，就会影响全班声誉。

不过，严格中亦有轻松，女中的活动丰富多彩，有社团组织，自愿参加；有各式比赛，如国语演讲、防空演说、田径赛、排球赛等，不一而足。春秋季组织远足，假日组织旅行团赴外地游览。

学生并非一味“死读书”，新女性自然要勇立潮头。她们同样关心时政，在校园举办“国际问题讨论会”，与专家探讨救国救民之道。她们参加禁毒活动，走上街头，唤醒大众。她们去大校机场慰问空军将士。在那个国难深重的年代，汇文女中的学生们心系祖国，没有逃避，亦不退让，更无畏惧。

1937 年抗战全面爆发后，学校一度迁往上海，与其他教会学校合并为“联合中学”。而女中唯一的男校长姜文德，在国际友人的帮助下，护佑留校女生免遭日军侵害。1939 年，学校迁返南京。1941 年，太平洋战争爆发后，学校停办。1942 年，汪伪政权在此设立“同伦女子中学”。1945 年，抗战胜利后，汇文女中复校。

1951 年 10 月，南京市教育局接办汇文女中，将其更名为南京市第四女子中学，简称“四女中”。1967 年，更名为南京市人民中学，男女兼收，女中成为这座学校的往事一页。

创校 130 余年来，从这所学校走出不少名人，如我国第一位女海洋学家刘恩兰就是该校校友。

2016 年，人民中学开创了以两种模式办学的新方式，将高中部恢复为汇文女中，再现女子学堂。学校拟订了一批适合女生的特色课程，如少女课堂、女性与法、少女审美、服装设计与制作、工艺设计等。这

南京市人民中学今景

些课程有必修也有选修，学生可以根据自己的兴趣爱好进行取舍。未来，待一切善后完毕，学校将完全恢复南京汇文女子中学的校名，届时只招女生，成为真正意义上的女中。

学校坚守女中百年传统，培养“灵性向善、秀外慧中”的现代女性。希望学生们走出校园后能够自尊、自信、自立、自强，未来，用诗意的态度拥抱生活，用温柔的力量改变社会，不负自己，不负时代。

见证百年的汇文楼，如今安在；新的教学楼，伫立相依。彼此交辉互映，从历史到现代，并将携手走向未来。伴随着“诚、毅、勤、朴”的校训，为师生搭建理想的平台、希望的热土。

汇文楼

金陵中学（1888）

它是“西学东渐”的产物，是金陵最早中西文化碰撞所产生的火花，130余年而闪烁不止。

中山路169号坐落着一所美丽的学校，她就是著名的百年老校——金陵中学。其前身汇文书院自1888年创办以来，行迹绵长。美国贝尔铸造公司于1899年铸造的那口“博尔登教堂大钟”，至今还悬挂在当年汇文书院古老的钟楼里。每当穿越时空的钟声敲响，悦耳依然，回荡在校际，引发听者诸多联想。

光绪十四年（1888），美国基督教美以美会主教傅罗在南京干河沿1号（今中山路169号）创办汇文书院，聘请福开森担任院长。学堂把“西学”付诸实践，在办学目标、课程设置、教学方法、学校管理和教育思想等诸多方面，都有新的举措，与传统书院形成鲜明对照。这无疑是西方教育在中国实施的先声，影响和推动了南京教育近代化的历史步伐。

汇文书院钟楼旧影（1889）

钟楼今景

汇文书院校门

书院钟楼落成于次年，在当时被称为南京第一幢“洋楼”，也是最高建筑，正所谓“汇文钟楼，一城所望”，成为学校的标志性建筑和南京近代教育开端的一个符号。

同年，汇文书院创办了成美馆，正式设立中学部。1892 年，汇文书院开始分设大学堂、高等学堂、中学堂、小学堂 4 级，学制均为 4 年。宣统二年（1910），汇文书院与宏育书院合并为金陵大学堂，改中学堂为附中，简称金大附中、金陵中学。此后一段时间，一批中国教育家相继执掌学校管理和教学，奠定了金大附中在近代南京教育中的地位，获得“北南开、南金中”

之美誉。

这一时期，金大附中陆续培养出了一批优秀学生，被誉为“伟大的人民教育家”陶行知，金大首任华人校长陈裕光，著名建筑师吕彦直，著名农学家谢家声，著名教育史学家徐养秋，金陵大学首任理学院院长魏学仁，社会学家吴景超，华中工学院（现华中科技大学）院长查谦等。

他们中的大部分人毕业后直升金陵大学，再出国深造，并先后回到母校执教。反哺，是作为学生对母校最好的回馈。教育的精神，其实就是传承，继往开来，薪火赓续，一代比肩一代，青出于蓝而胜于蓝。

学校的课余活动多姿多彩，成立有23个研究会（社、团），如西乐团、弦乐团、军乐团、评剧社、无线电研究会、社会问题研究会等，丰富了学生的生活。附中的体育运动更具特色，重视体育是其办学特色之一，学校曾有这样一条规则：“下午四时后，如不落雨，学生一律到操场进行体育活动。”由于校方重视，积极引导，加之学校体育老师倾力培养，1929年，江南10所中学在金陵中学举行篮球、足球对抗赛，锦标均被该校夺得。校内运动设施齐全，场地宽阔，1935年又建有一座体育馆，由国民政府主席林森亲题馆名。

1937年12月，侵华日军进逼南京，张坊校长带领金大附中部分师生艰难西迁，在四川万县（今重庆市万州区）重办金陵中学，1941年在成都筹设驻蓉分部。

侵华日军占领南京时期，德国友人约翰·拉贝曾将金大附中作为国际安全区南京委员会难民收容所之一，护佑部分无辜百姓得以幸存。而留守南京的金大附中老师救助难民、守护校产、曲折办学，先后办起金陵补习学校、鼓楼中学、同伦中学和南京金陵中学。抗战胜利后，万县金陵中学及驻蓉分部于1946年迁回南京，与南京金陵中学合并，仍以原名办学。

新中国成立后，金陵大学附属中学与金陵女子文理学院附属中学于1951年合并，改名为南京市第十中学。1956年，成为南京市重点中学。

拨开岁月的遮蔽，这所学校曾经温暖了一代又一代学子，如今涅槃重生。时间定格在1988年4月，经南京市政府批准，学校再次以金陵中学命名。

130余年，这里沉淀了厚重的历史文化底蕴和独有的人文精神；130余年，学校培养了近6万名毕业生，他们中有许多成为精英翘楚和杰出人物，美学大师宗白华，诗人盛成，社会学家柯象峰，文学家程千帆，经济学家厉以宁、吴敬琏等。校友中获得两院院士称号的多达 20 余位，如陈桢、王家楫、诸福棠、侯学煜、陈学俊、杨樵、吴仲华、林同骥、钱宁、徐僖、陈定昌、吴旻、吕敏、戴尅戎、经福谦、齐康、李正邦、祝世宁、田刚、赵振东、顾宁、鲍哲南等。蔡元培先生曾为金陵中学题字“英才辈出”，可谓实至名归。

“自主办学”的前瞻性思维，推动着学校不断前行。跨越世纪之路的金陵中学，见证了中国近代教育史兴衰起伏、砥砺奋进的发展轨迹。站在历史的高处远观，毫不夸张地说，金陵中学是中国独立中学之开端，凸显其价值所在。

近年来，学校围绕“立德树人”，着力培养师生“自由成长”，将严谨治学与开拓创新相结合，全面

校园美景

发展与个性特长相贯穿，在课程改革、学科竞赛、拔尖创新人才培养、生涯规划等方面都取得了丰硕成果。君不见，“985”“211”和双一流大学中，都有着众多金陵中学学子的身影。

今天，镌刻在金陵中学巨石碑上的“诚、真、勤、仁”四字箴言，乃为人文主义与科学精神的结晶。它仿佛是历史的回声，激荡在校园里，“嘤其鸣矣，求其友声”。一代代金中人和鸣成韵，再续时代新曲，弦歌不绝，朝着更高的目标迈进。

宁海中学（1890）

宁海中学是一所历久弥新的百年名校，坐落在绿树成荫、环境优雅的颐和路历史文化街区内。学校悠久的校史，可以上溯到江宁布政使许振祎于1890年在八府塘建立的文正书院，以示追记曾任两江总督的曾国藩（谥“文正”）。1895年至1901年，著名教育家、实业家张謇曾担任该书院山长。

虽是状元出身，但张謇对科考还是自有想法，认为它是考察学识的方式，却不是学习之目的。其时，科考“无用”的弊端已日显，为了革新书院教育，张謇于1897年在文正书院新设西学堂，除汉文之外，增设英文、翻译、算学3门课程。并渐次拓宽范围，“至每次课题，分时务、算学、兵、农、矿、化各学”。

光绪二十七年（1901）诏令“新政”，书院革新，按照府、厅、直隶州的建制，江宁文正书院改为中学堂。1902年改为府学，即江宁府中学堂。世事维艰，办学不易，该校又先后更替为江苏省立第一中学、江苏省立第四师范学校、江苏省立南京中学和南京市立师范学校等。

校名屡变，校址数易，并合不断，校史纷繁，但执着不改，努力办学，培养人才，始终是学校一以贯之的宗旨。

1912 年 2 月，江苏省立第四师范学校在原高等学堂旧址创办，设本科及预科，共有在校生 154 人，教职员 27 名，首任校长为仇埰，先后任职长达 15 年。他办学认真，执教严格，提出“勤、诚、勇”三字校训，其意分别为坚苦耐劳、言行不苟和精神奋发。这位矢志乡梓教育的秀才，又曾留学日本接受现代教育，深悟办学之真谛。他爱才若渴，谆谆教导，以此激励学子们努力学习，奋发进取，“欲凭文字播风雷”。

在这样精神的感召下，学校百年传承，薪火赓续，培养了一代又一代莘莘学子。如近现代杰出教育家、留美博士马客谈，从事教育事业近半个世纪，担任过多所学校校长，撰写了大量教育论文，影响很大。

民国时期，宁海中学是江苏省四大名校之一，声誉卓立。1963 年被确定为江苏省 18 所示范中学之一。当时南京的中学，除了南师附中外，就属宁海中学，师资和生源都非常棒。

曾经名气很大的宁海中学，“文革”中遭遇严重摧残，迁至南京浦口盘城办学，自此元气大伤，黯然失色。20世纪70年代，原校址先后名为“向阳中学”“南京市第四十五中”。待到20世纪80年代教育大发展，尽管原校部分老师得以重返，但时过境迁，已不复当年之勇。

在哪里跌倒，就在哪里爬起来。全体“宁海人”奋起直追，誓将在未来重新步入名校之列，不辱“宁海”英名。2004年，学校被确立为江苏省首批四星级高中。

走过百年历程的宁海中学，新时期又有新追求。结合自身发展，提出“美的教育——厚文养正，以美立教”的办学理念，以立德树人为本，围绕“厚文”“养正”，全面实施素质教育，提升学生修养。

自20世纪80年代以来，学校开办美术班，为全国艺术教育创立新的模式和特色教育，获得国家教委的高度评价和社会的广泛赞誉，成为包括清华美院在内诸多美术院校的人才储备基地。每年毕业生高考升学率均为100%，考入“中央、中国和清华”三大美院以及次一级的八大美院的学生，不知凡几，声名在外。

在不断的探索和实践中，学校在育人目标设立、课程建设与实施、教师队伍建设、信息化建设等诸多方面进行了改进、重构和创新，以实现整体优化，着力培养具有责任担当和创新品格的时代新人。

宁海中学今景（曾义青摄）

百年宁海，英才辈出，包括：政治家汪道涵、廖鲁言、许立群、熊向晖；科学家徐克勤、武衡、业治铮、陆元九、顾知微、杨立铭、陶诗言、汤定元、陆孝彭等 12 位两院院士；文学家唐圭璋、张锲等；艺术家吕斯百、舒强、张水华、王苹、尤小刚、张卓娅、卞留念等，还有中华人民共和国国旗设计者曾联松等。

百年传承，薪火相继，学校秉承“勤、诚、勇”的校训，坚持求真、向善、尚美之校风，培养学生笃学、善思、敏行，成为“情趣健康、精神奋发、才智卓越、格局远大”的复合型创新人才。

中华中学（1899）

中华中学是一所办学历史悠久、人文底蕴深厚的百年名校，校园中那瞅一眼便知年头已久的建筑，无疑就是见证。

在南京城中鼓楼岗一带，有一座建筑建于1892年，是教会筹设的西医院，当时名为基督医院，后改称鼓楼医院。创办人为英籍加拿大传教士威廉·爱德华·麦克林（中文名马林），故又称马林医院。

马林于1886年来宁，最初在鼓楼双龙巷口觅地盖房，开设马林诊所。其后得到众多教友襄助，另择地新建一座病房楼，即前文所提的那座建筑。

还是这位马林，常在城南一带布道行医。他深知百姓不仅缺医少药，亦缺乏教育，遂有心建一所中学堂，以启民智。他边行医边筹资，得南京基督教会资助，于清光绪二十五年（1899）在花市大街（今中华路344号）创办了基督中学，只招男生。校名一直沿用到 1926 年才更改为爱群中学。同年，为了拓展学校规模，他又利用义学馆（位于中华路 369 号）改建创办了明育女中，专收女生。这里就是中华中学现址。

1928 年，国民政府要求私立中学备案，因“爱群”与“明育”两校规模较小，为了便于统一管理，决定合二为一，各取原校名中“育”与“群”二字，组建育群中学，此为中华中学前身之一。次年，育群中学正式注册，学校于原爱群中学校址设男子部、于原明育女中校址设女子部，小学部则置于原爱群中学校内。

1937 年抗战全面爆发后，育群中学先后迁至时江宁县湖熟镇、上海市黄浦区、江西省赣县办学。1938 年，时任校长蔡汝霖率部分师生抵沪，加入基督教会的华东联合中学。留宁师生则由萧德庆主持，更名“育德中学”，继续办学。抗战胜利后，蔡汝霖率师生返宁，育群中学复校，仍设男子部、女子部和小学部。

新中国成立后，育群中学女子部与位于中华路许家巷内成立于 1946 年的南京市立第一女子中学（原名南京市立女子中学）合并，沿用后者校名，称作南京市第一女子中学，校址仍位于原育群中学女子部，此为学校另一源流。两校合并后，原育群中学男子部学生分流到附近的南京市第一中学和第三中学。原育群中学男子部校址及原南京市立第一女子中学校址均为南京市第一女子中学分校，原育群中学小学部由南京市政府接管，后更名为中华路小学。

“文革”时，学校一度称为南京市东方红中学，男女生兼收。1983 年更名为南京市中华中学，沿用至今。

在百余年的历史中，学校几易校址、数更校名，参与和见证了中华民族近现代教育的艰难进程。

中华中学早在 1953 年就被确定为江苏省首批重点中学，1980 年再次被确定为首批江苏省重点中学，2002 年被批准为国家级示范高中，2004 年被确认为江苏省首批四星级普通高中。

今天的中华中学有着自己的标识，其圆形校徽的主体中部为繁体“中华”二字，代表着学校校名。外围部分，数字“1899”是建校时间，表示悠悠校史。“敬德、修业、博物、明理”八字，则为校训。作为轮廓主色调的鲜红色，凸显了学校红专结合的独有气质。

学校以“抱朴求真、守正创新”为办学理念，促进学校稳定持续进步为目标。总体发展要求为：以敬业、质朴为传统；以专业、钻研为导向；以自信、自强为动力；以合作、共进为路径；以智慧、效率为追求。推进学生综合素质全面发展，塑造有理想、有担当、有作为的正直学子。

世纪耕耘，中华中学育才万千，莘莘学子，遍及世界各地，杰出校友前后相继：被誉为“中国的南丁格尔”黎秀芳是1935届校友，中国护理事业的奠基人，荣获第36届南丁格尔奖。1948届校友王晓棠，中国人民解放军少将，国家一级演员，2009年获得第12届中国电影表演艺术学会金凤凰奖终身成就奖。1951届校友魏正耀，中国工程院院士，曾获国家科技进步一等奖。1987届校友黄如，中国科学院院士，是最年轻的

中华中学今景（卢海鸣《南京近代建筑》）

女院士，现任东南大学校长。

展望未来，任重道远。学校将秉承百年优良传统，坚持育人为本，努力培养学生创新精神和实践能力，不辱时代之需。为把中华中学办成现代化、高质量、有教育信息化特色的国内一流、国际知名，具有实验性、示范性的五星级中学而踔厉前行。

南京师范大学附属中学（1902）

南京师范大学附属中学的历史，距今已有122年。学校不仅有悠远的长度，更有底蕴的深度和卓越的高度。放眼全国，少有能与之媲美的中学，堪称王者之师。仅以培养出57位两院院士之骄人成绩而并列全国中学第一，就足见一斑。一个多世纪，该校以名师荟萃、锐意进取、校风诚朴、英才辈出而著称于世。

遥想当年，两江总督张之洞提出“师范学堂为教育造端之地”“凡江苏、安徽、江西三省士人皆得入堂受学”，并奏请于南京北极阁前勘定地址创建三江师范学堂。4年后，附设中学堂。

1911年辛亥革命爆发后，校址被占用，校产遭掠，学堂被迫停办。1915年9月，在原两江师范学堂开办南京高等师范学校，继办中学。1923年，南高师并入国立东南大学，其附中同步更名。1928年设立中央大学区立实验学校，1929年改名为国立中央大学实验学

国立东南大学、南京高等师范学校大门（卢海鸣《南京近代建筑》）

校。它与上海中学、扬州中学和南开中学同为四大名中。

1937 年 7 月，抗战全面爆发。8 月，学校遭日机轰炸被毁。9 月，迁安徽屯溪。11 月，再迁湖南长沙。1938 年又迁贵州贵阳，于当地马鞍山辟荒筑校。南明河畔，曾经的风雅之地，自此书声琅琅，8 年不绝。

当年，为了便于管理，老师与学生同吃同住，共同生活，且各个班级分别以级任老师的名字命名，如金鑑级、人仰级、任侠级、东元级等，此举实乃战时教育之独有特点。

由于中央大学学生从重庆赴贵阳实习路途较远，1941年，中大实校与设在重庆青木关的国立第十四中学互换校名，直至1946年迁回南京。

那个时代的知识分子，乐于从教者，大多有一种为国育才的敬业精神和情怀。他们多为名校出身，包括学成回国的“海归”，在中学执教。还有不少著名学者亦有在中学任职的经历。

当年大名鼎鼎的南高师附中（亦称：中大附中、中大实校、国立第十四中学），其执掌校务者皆为知名教授，甚至由从属大学校长兼任。任课教师中，多为东南大学（中央大学）的高才生。

中大附中有着一众这样的优秀老师，他们注重教学，为学生所喜爱，受其影响而终其一生。中国科学院院士袁道先曾于20世纪40年代进入中大附中读书。他回忆当年时曾说，中学的基础对他后来的成长至关重要。中央大学附中的师资力量很强，高中以范氏大代数、达夫物理、谈明化学等英文教材为辅助读物。而对他影响最大的是“高中化学老师韩金鑑先生，他不仅讲授化学原理，指导学生自己动手做实验，还穿插介绍了许多著名化学家，如拉瓦锡、卡文迪许等的生平，以及氧气发现过程等有关学术思想的演变，同时教授专业术语的英文，并解释其构成规律，使学生受益匪浅，培养了他们对化学的浓厚兴趣”。袁先生与岩溶研究结缘，主要也是受到了老师影响，从中学时起，他就对化学产生了浓厚兴趣，并最终选择了地质学。

因为喜欢，进而热爱，并影响其一生，这何尝不是教育的魅力和教育者的成功。教育的作用，乃至意义，这应是其中的一部分。

余子侠先生曾撰《抗战时期国立中学的创办及其意义》一文，其中对国立第十四中学有如下描述：战时国中各校师资队伍整体素质较高，他们大多为服务中等教育多年且成绩卓著之“一时俊彦”。据 1941 年秋季入学的黄荣祺回忆，国立第十四中学教师“多是中央大学毕业，有学者的气度，严谨的教风，爱才、讲民主、富正义感。教好学生，争取抗战早日胜利，收拾破旧山河是他们的共同愿望，他们教学的出发点和落脚点都在于培养我们做一个真正的人”。其中，精通七国语言、在德国获得博士学位的生物老师黄国华，能当堂向学生道歉的历史老师沈灌群，在讲台上愤怒抨击战时黄色文艺的国文老师方毅侯，写得一手潇洒飘逸的好字、后任教育部督学的薛人仰，曾受浙江大学之聘，有“韩化学”之称的韩金鑑，知识渊博、令学生惊叹的地理老师陈吉贞，表述准确简洁、板书快速规范的三角老师陈建勋和化数老师杨荣宝等等，更是给这位当年的学子留下了深刻的印象。

又言，设在贵阳南郊的国立第十四中学，师资队伍和教学设备在落后的贵州地区堪称一流，其教学质量之高为当地社会所瞩目，甚至该校“六年制毕业的学生可以相抵于大学一年级修完的程度”。每到大学招生时，该校常常获得团体或个人第一，故而吸引了不少当地学子，人们将进入该校作为一种崇高的荣耀和实现人生理想的桥梁。

1946 年，中大附中及其分校迁回南京，定校址于三牌楼。1949 年 8 月，改称国立南京大学附属中学。此后名称更替为南京大学附属中学、南京师范学院附属中学（简称“南师附中”）、南京市鲁迅中学。1984 年，更名南京师范大学附属中学。

教育为立国之本，而教育之臧否，实系于师德之高，师资之美，即所谓“名师出高徒”。名校者，有名师之谓也。王伯沆、柳诒徵、杨杏佛、严济慈等著名学者都曾在此执教。

附中向以教学卓著而蜚声宇内，历经变革，校名屡更，而传统不易。20 世纪 20 年代，在中国率先开

南京师范大学附属中学今景（庞冉摄）

展“道尔顿实验计划”“六三三”学制改革等，不遗余力，其教育实验奠定了其在近代中国基础教育史上的地位，附中成为教改走在全国前列的著名中学。

新中国成立后，绍继前业，发扬光大。校内有多名资深教师，他们以教育质量为重，因材施教，循循善诱，劝学向上，蔚成风气。

百廿余年来，附中育才逾万，桃李芬芳，遍布海内外。校友中，诸多名流学者，蜚声瀛寰，有巴金、胡风、袁隆平、汪道涵、彭珮云等，还培养出近60位两院院士、30余位将军以及数以万计的杰出人士。

学校始终以“嚼得菜根，做得大事”的校训为先导，秉承“诚朴雄伟”之校风，获得了所有荣誉。附中老师承继前贤传统，学养精深。学子成绩优异，在学科竞赛、高校自主招生考试、高校强基计划、高校综合评价、高考录取中收获累累硕果，是全国著名高等学府最受欢迎的中学之一。

学校目前正按照一校三区（察哈尔路校区、奥南校区、晓庄校区）一体化办学规划的发展定位，抒写新的华章。砥砺前行，造炬成阳，以不凡的耕耘，面向成为“国际视野、一流卓越”的中国著名、国际知名的中学稳步迈进。

南京市第三中学（1902）

南京市第三中学创建于1902年，至今已有120余年历史。20世纪初，在清末新政的推动下，南京改革书院，创办学堂，逐步向近代教育过渡。当时的倡导者认为，小学教育是基础教育，具有“普及”和“国民教育”性质，小学教育发达，教育质量相应提高，就能为中、高等学校输送优质生源，带动整个教育事业的发展，所以在南京各属县均设小学。

1902年，江宁府相继创办了江宁第四模范小学堂（原大行宫小学）、北区第十二小学堂（现天妃宫小学），是为南京官办小学之始；另利用原忠王（李秀成）府邸创建“江宁府上元县高等小学堂”，此乃南京第三中学之前身。

嗣后几年，又创办了第二模范学堂（现考棚小学）、江宁县立第四高等学堂（现邓府巷小学）、江宁振淑实业女学（后来的马道街小学）、上元树声学堂、同仁小学、第二模范小学（现秣陵路小学）、义学（现小西湖小学）等公立小学，初步形成小学教育网。

1927年，学校改称升平桥小学。1939年，更名为私立正始中学。1945年抗战胜利后，再度易名，是为南京市立第一中学分校。次年更名为市立第三中学。

1949年全国解放后，根据教育部门统一安排，按照数字排列命名，该校正式被确认为南京市第三中学。1966年，起了一个革命化的校名“红军中学”，两年后又恢复原名。

2004年，更名为南京市第三高级中学。次年，原南京市二十二中迁出，校园移交三中办学。2006年，原六十七中学师生分流，校园移交三中办学。2011年，南京三中和南京六中正式整合为“新三中”，校徽和校训为原六中沿用的陶行知先生所题安徽公学“实”字校徽和校训。2021年留初中部，更名为南京市第三中学。学校渐次走向规模化，显现出新的活力。校园内建有艺术中心、活动中心和劳技中心；有攀登广场、爱心园、英语园、盆景园、书画走廊，绿树草坪、假山喷泉、精美雕塑。置身其间，处处体现了以学生为本、优美的育人环境，养浩然正气，树卓立学风。

从20世纪30年代末正始中学“格物致志，诚意、正心，修身齐家治国平天下”；到 50 年代“诚朴、友爱、勤学、向上”；再到 80 年代“五有一和谐”的办学蓝图和 90 年代“教学生学会做人，教学生学会学习”，学校始终贯穿“治学做人”的办学理念，不辱前辈，不失传统，不负使命。百年老校形成的淳朴友爱的校风、积极向上的学风和严谨求实的教风，一直与时代同行赓续，得到社会各界的高度认可。

作为国家示范级高中，南京三中 1995 年被确认为南京首批重点高中。1997 年改建校舍，添置了现代化、信息化的教学设施设备。1998 年被确认为江苏省重点

南京市第三中学今景

高中，1999 年被评为江苏省模范学校。2005 年被江苏省教育厅确定为四星级普通高中。学校有一支德才兼备、敬业爱生的教师团队，这是学校稳定和持续发展、不断进步和成功的动因。未来，学校将秉持初心，持之以恒，奋发进取，再创辉煌。

南京市钟英中学（1904）

一个城市有盛衰起伏，一座学校亦同样如此。今日的“钟英”，已不复当年之“名”，但那个时代的人，一定会对“钟英”中学记忆犹新。她可是当年南京的名校之一，是本埠历史上第一所由本地人筹资兴办的私立中学。这所创办于清末的名校，艰苦创业数十年，在南京教育史上颇具影响。2024年正是她成立百廿周年华诞，这样一个重要节点，很容易唤起我们对历史的追忆。

南京中山南路九条巷内，有一座清末两江总督曾国荃的祠堂。这座历经百年沧桑的清代建筑，是南京第三初级中学的校务办公用房。而该校的前身，正是当年的私立钟英中学。

光绪二十四年（1898），开始“戊戌变法”，改革图新。在维新“诏书”的催生下，南京回族富绅蒋长洛，得到本土众多有识之士的襄助，于是年开办了新式学堂——钟英学堂。

钟英学堂最初设在中正街（今白下路）蒋氏经营的孟渊旅馆，招收回族贫寒子弟 30 余人入学，为其免费提供食宿、笔墨及冬夏两季服装。

蒋长洛办学，最初为慈善属性，而学堂定名为“钟英”，据说是取南朝孔稚珪《北山移文》中之首句“钟山之英，草堂之灵”的前二字，表示钟山脚下，哺育英才之意。钟山又喻之虎踞，故有傲骨担当，心怀天地大。

钟英学堂草创不久，时局突变，“百日维新”落败，光绪皇帝被囚，清廷大肆通缉维新分子。为了保护学生，蒋长洛不得已将学堂由中正街迁至户部街私邸，改称“钟英书屋”，暂避风头。

然而，时代前行的脚步已不可逆转，没几年，清廷开始革新教育体制。1904 年，钟英学堂按新颁布的《大清学堂章程》，改称钟英高等小学堂，重又迁回中正街，随着时间的推移，渐具规模。“钟英”的学生统一着装，设备齐全，学校开设多门课程，其名气迅速传遍苏、浙、皖，官宦子弟纷纷前来求学。

1912 年，江苏督军都督府将南捕厅衙门旧址（今府西街小学）划拨“钟英”改建校舍。次年，钟英高等小学堂改名为私立钟英中学。学校规模有所扩大，学生增至 300 余人，除招回族贫寒子弟外，兼收其他学生。

由于办学声名远播，钟英中学赢得诸多社会贤达的赞助，纷纷提供学生助学金。学校不再免费，但对品学兼优的贫寒学生，仍给予奖学金。它托起了多少少年之梦，也慰藉了许多学子之愁。1933 年，私立钟英中学被市政府列为一类中学。以其治学严谨、校风淳朴、授课有方等众多特点，成为当时南京最好的学校之一。

民国学者名流卢前、唐圭璋等人都曾在钟英中学任教。当年，钟英中学实验室的理化仪器、生物显微镜等设备，位居全市中学之首。数学成绩也一直名列前茅。1937 年，全市高初中数理毕业会考，钟英中学跃然而出，摘得桂冠，其中管传束、陈鸣钟分别取得高中部个人第二和初中部个人第一的优异成绩。当时社会上流传这样的说法，“数学精，进钟英”，果然名不虚传。

“要当兵，进钟英”，七八十年前的城南百姓口中，还有这样一句口头禅。这里所言“当兵”，是指钟英中学为了培养学生遵守纪律、服从组织的团队精神，也为了增强学生身体与心理素质，实行童子军制度，平时严抓军训，纪律分明。这对学生而言，是一种极大的锻炼和帮助，对他们的成长大有裨益。不少学生后来考入军校，投笔从戎。此举得到众多家长的赞许，希望把自己的孩子送来上学。

抗战中，钟英中学先迁安徽，后至长沙，再赴贵州和广西，颠沛流离，艰难办学，为国育才。

几十年来，“钟英”培养了诸多优秀人物。从该校中曾走出“两弹一星”元勋之一的任新民、国学大师钱穆、教育部原部长刘西尧、两院院士建筑学家吴良镛、知名力学家赵继昌、著名画家刘宇一、人民解放军炮兵之父朱瑞将军、“台湾经济腾飞之父”李国鼎等。

新中国成立后，私立钟英中学焕发新意。1954 年由南捕厅迁至九条巷现址，1956 年更名为南京市第二十三中学。随着教育集团化，又改称南京市第三初级中学。

破茧成蝶，它在等待那个圆梦时分，曾经如雷贯耳的“钟英中学”，重又恢复挂牌。时光荏苒，百年老校，盛世重光。兴哉！

学校遵循“教会学生做人，教会学生学习”的崇

南京市钟英中学今景

高理念，积极推行素质教育。遵循“实施最大化教育，教育最大化学生，追求最大化提升”的办学思路，坚持因材施教、分层推进的教学特色，实施多元评价体系，使不同潜质的学生各显所长。在学校的精心哺育下，学生将基础敦实、个性鲜明、脚踏实地去拥抱未来。

近10多年来，学校发展迅速，办学实绩不断提升，历年中考成绩优异，成为市、区热点初中。未来，期待钟英中学再度勃发荣光。

南京市第一中学（1907）

“大哉古都秀毓淮钟，巍巍我校石城之中。”这是校长李清悚为《南京市第一中学校歌》所填词中的前两句。高歌吟唱，大气磅礴，雄浑伟哉。

南京市第一中学坐落在城南之南唐护龙河畔，校址原为清代江宁府箭道和西花园。光绪三十三年（1907），开明绅士孙绍云为促进本土教育，集资于府署旧舍创设崇文学堂。明代朱舜水说：“敬教劝学，建国之大本；兴贤育才，为政之先务。”言之重教的深远意义，故取名为“崇文”。

1910年，崇文学堂与柳诒徵于1903年创办的思益小学合并。此前，柳先生赴日考察教育，深感开发民智和兴学之重要，归国后即创办了这所学校。在学制、课程和教材上均仿效日本，并配备各科仪器标本，图书亦多购自国外。该校教法先进，学生学业优良，为地方官员所赏识。崇文学堂因思益小学的并入而得到较大提升，办学理念为之一新，颇有收效。

1927 年，江苏试行大学区制，南京亦实行实验学区制。同年，市教育局于崇文学堂旧址筹办市立中区实验学校附设初中部，李清悚为校长。他 1926 年毕业于东南大学，一生从教，堪称一代教育家。蔡元培先生题写了“开校纪念”碑文。

作为陶行知先生的学生，李清悚努力践行恩师的教育思想，自执掌校政后勠力而为，以全新理念打造，学校不数年就焕然，名重一时。

尔后，学校又三易校名。岁月流转，名称更替，但不变的是情怀，是信仰。1933 年，学校将幼稚园和

南京市立第一中学（1933—1937）

小学划出，正式命名为南京市立第一中学，是为我市第一所公办中学。

这一时期学校的课外项目繁多，诸如春秋季远足、童子军野营活动、节日文娱表演等。学校还常常邀请社会名流到校演讲，开拓学生视野。学校每周都组织学艺竞赛，课外研讨会（组）多达20余种，学生可以根据自己的兴趣爱好选择参加。各种社团活动，为发展学生特长，培养他们的道德情操，锻炼他们的意志等，奠定了良好基础。

1937年抗战全面爆发，李清悚校长率师生数百人西迁入川，与苏、浙、皖流亡至蜀的师生联合组建国立四川临时中学，后改为二中。1945年日本投降后，学校于原址复校，推行“真教育”。

新中国成立，学校更名为南京市第一中学，是市教育局直属中学之一，亦为我省最早入选的14所省重点中学。现为江苏省模范学校、国家级示范高中、首批江苏省四星级高中。

每个学校各具特色，红色基因则在南京市第一中学中极为显著。无论是抗战时期任教于该校的南京地下党组织成员朱启銮，还是新中国成立后的首任校长朱刚，都在不同时期引领学生，与反动势力抗争，为火红年代献身。把爱国主义系于学校，贯穿在学生心中。红色基因就这样深深烙印于一中人的精气神中，在校园中形成了好学向上、纪律严明、尊师爱生、团结活泼的氛围，一中也因此成为华东地区颇具影响力的重点中学，一直是南京人心目中的“老四校”，口碑极好。

学校秉承百年传扬的优良传统，强调“教书育人”，坚持“德育首位，五育并举”的方针。多年来形成“好学、向上、活泼、团结”的校风，“严谨、求实、创新、育人”的教风和“勤奋、进取、踏实、求精”的学风。广大师生以“求真为民”的校训作为行为准则，努力将学校办成具有特色的重点中学，取得了可喜成绩。

百年华诞，学校培养了数以万计的人才，包括建筑学家吴良镛、昆虫学家尹文英、数学家王元、物理学家汤定元、计算机专家张效祥、理论物理学家杨立铭、物理学家汪承灏、生物学家饶子和、气象学家陶诗言、微电子学家黄宏嘉、地质与古生物学家盛金章、理论物理学家戴元本、天气动力和数值预报专家李泽椿、海洋地质与地球物理学家金翔龙、大气动力学和气候动力学家吴国雄等。其校友遍及神州，驰誉海外。

每个学校都有自己独特的校园文化，而现代流行的涂鸦风，则是一中的一抹亮色。在学校最著名的崇文楼，有着一面广为人知的文化墙，学校规定：只要不超出法律道德范畴，学生可以在文化墙上任意涂抹作画。并且每个班在临近毕业离校时，都可以在文化墙上任意挑选 1 平方米，留一幅毕业涂鸦画作，以示纪念。是献给自己，更是呈送给母校，它是学生们发自内心的感怀和祝福。学校会为其至少保留半年，可以让下一届学弟学妹能够有机会“瞻仰”，未来，他们同样会献出本班的杰作。

为全面实施和深化素质教育，学校大力推行“中学导师制”，实践“一主两翼，三线齐飞”的办学思想，全校师生开拓进取，为把南京一中建成不负众望的“国内一流、国际先进”的名牌中学而努力奋斗。

南京市第一中学今景

南京市第十二中学（1917）

世人熟知美国传教士约翰·马吉（John Magee）先生，是因为他在1937年侵华日军南京大屠杀期间，参与援救20多万面临被屠杀的中国军民，并冒着生命危险，用电影摄影机记录下日军屠城的暴行，这也是留存至今有关南京大屠杀的唯一动态纪录和历史铁证。

我们要感谢马吉先生的凛然义举，但他做的还不止于此。南京市第十二中学前身——益智小学，亦是经由他手创建，为中国的孩童，提供了一个学习甚至改变他们命运的机会。想必，当年能入该校读书的学生一定心怀感恩，因为他们懂得知识就是力量。首任校长为毕业于上海圣约翰大学的沈子高先生，他与马吉同为下关地区的教育事业奠定了基础。

挹江门外，绣球公园旁，有一座典雅秀丽的园林式学校，她就是南京市第十二中学。这所学校不显山露水，在城内似乎名气不大，但在下关地区，却绝对是不一样的存在。那一带的学生，以能考上十二中为荣，堪称是班级中的佼佼者，令其他家长羡慕不已。

走入校园内，引人注目的是5幢古典式建筑，它承载着该校的百年历史。历经战火袭扰，社会变革，依然坚挺。外观为传统民族风格，大屋檐，上覆灰瓦；而内部则是西式结构，硕大的玻璃窗，一览无遗。其中有一座由连廊相接而围成一体的双楼，更是令人称奇。从外观上看，颇似教堂模样。在这幢建筑背后，又有着怎样的故事？

1912年至1940年，作为美国基督教圣公会的传教士，约翰·马吉在当时挹江门外的道胜堂传教，原址即为今鼓楼区中山北路408号（第十二中学校址），为首任牧师。1917年，为了开启民智，圣公会又创建了益智小学，主要招收平民百姓子弟，向他们提供优质教育。1919年，改名为道胜小学。

“道胜”之名，意为“以道胜世”，其义甚深，“先为力胜，次为智胜，再为道胜”。中国古人用“仁”和“义”去解读“道”之思想价值，使“道”充分反映了人与人、人与社会的关系，具有明显的社会属性。所谓“道胜”，即为最高一级。有识者才有可能成为精英，而精英阶层具有至高的社会担当。以此为名，无疑是让学生懂

基督教道胜堂开办的私立道胜中学毕业纪念（摄于1948年，卢海鸣《南京近代建筑》）

得责任在肩，必将不辱使命。

1942 年，学校增设初中，更名为私立道胜中学。1951 年与私立惠民中学合并为下关中学。1952 年 7 月由南京市人民政府改为公办，命名为南京市第十二中学。

岁月流逝，益智小学早已不复存在，但其中的传承与创新，从未停步。“平·民教育”的文化基因，已深深融入后续者的办学思想和办学实践中。今天，南京十二中仍为“城北的好学校”，备受人们认可。

100余年来，从这里走出一批又一批杰出校友，其中包括中国工程院院士钱正英、原卫生部副部长杨纯、中国科学院院士龚昌德、泰国中华总商会主席刘锦庭等。回顾在南京十二中上学的时光，校友们不止一次点赞学校“平·民教育”的精髓所在。正是在这样开放、平等的氛围中，学生才能够舒展身心，逐梦前行。

作为一所全日制普通中学，南京市第十二中学1997年被评为江苏省重点高中，2006年被评为国家级示范高中和江苏省四星级高中。

约翰·马吉图书馆（卢海鸣《南京近代建筑》）

为了纪念约翰·马吉先生创办的学校，特别是他在侵华日军南京大屠杀期间为南京人民所做出的特殊历史贡献，第十二中学将其图书馆命名为“约翰·马吉图书馆”，即由硕大的朱红色立柱装饰的双楼。雕刻于该馆墙体上的中外教育箴言，无不闪耀着育人的深邃之光。如清代陈宏谋“天下无不可以教者，亦无可以不教者”，与一代教育家孔子的名言“有教无类”异曲同工；曾国藩“不为圣贤，便为禽兽；莫问收获，但问耕耘”，启发仁人志士不断向善、进取。它引领着十二中人不断追求，走向辉煌，业已成为学校发展的文化之根。

南京师范大学附属小学（1902）

进香河畔，六朝松旁，一座学校，立此百年，它就是南京师范大学附属小学，一所创办于1902年的名校。

作为东南首屈一指的名校附小，南师附小责无旁贷地担负起重托，在各个不同的历史时期，均被公认为师资力量雄厚、校风严谨笃实、学生全面发展、科研成果显著的学校。

新中国成立后，学校几乎囊括了所有荣誉，被江苏省教育厅确定为学制改革试点学校、首批省级重点小学、首批省级实验小学。是全国百所名牌小学之一，全国文教先进单位。

早在20世纪初的1905年，当时的南师附小校长李瑞清先生就提出“视教育若生命，学校若家庭，学生若子弟”的重要观点，成为学校“爱的教育”思想萌芽。继任者俞子夷、罗炳之、郭秉文等校长也一以

杜威楼

贯之，践行并发展了这一思想。

俞子夷校长在南师附小开展了设计教学法实验，是在美国著名教育家杜威的学生克伯屈“设计是自愿的活动”这一原则下进行变通的中国首次设计教学法实验。该实验在1921至1923年达到高潮，为中国教学法的实践开创了一个新思路。

仅为一个小学，何以得到如此重视？其校长一职，均为著名教育家担纲。李瑞清是两江师范学堂监督（校长），俞子夷、罗炳之和郭秉文均为大学从事教育的教授，且郭秉文亦是南高师和东南大学校长。

这在今天，似乎有些不可思议；而在当年，却绝不是个例。他们身居高位，却俯身于少儿教育，是因为懂得，这是国家的未来，是希望，正所谓“少年强，则国强”。

新中国成立后，以斯霞老师为杰出代表，一批名师承前启后，让南师大附小不仅坚守“爱的教育”，并对其做出了新的诠释。让后继者见贤思齐，守成与创新并进，结合新时代，不断拓宽与深化其内涵。

100多年来，学校始终坚定不移地传承“爱的教育”这一集历史积淀与现实思考于一身的办学理念，坚持“实验与爱同行”，从20世纪二三十年代的“道尔顿制”“设计教学法实验”到50年代的学制改革，再到80年代的“听读欣赏”实验、注音识字提前读写，以及近10年的课程建构与“爱的课堂”教学方式的变革，均获得骄人成绩。以此告慰诸位老校长们，没有辜负他们的殷殷希望，南师附小仍在向前奔跑和攀登。

近年来，学校立足“童心母爱”育人模式的整体建构与实践推广，以新时期“斯霞式”教师的培养为支点，优化并丰实“爱的原色课程”实施，深化并普及“爱的生长课堂”实践，创新架构促进学生持续发展的“爱的评价”体系，力争让每个附小儿童在“爱的教育”的浸润下成长为有爱心、会生活，有慧心、

斯霞老师题写的“爱”字

会学习，有童心、会创造的素质全面、个性鲜明、健康活泼的新时代儿童。

源于童心，行于爱心，臻于生长，百年所立，代代承继，形成了南师附小深厚的文化积淀和教育教学特质。学校自创办肇始，就十分重视教育教学改革和实验，并取得了瞩目成果。特别是斯霞老师，在长期的教学实践中，总结出了“字不离词、词不离句、句不离章”的随课文分散识字的小学语文低年级识字教学法，并在全国推广，为我国小学语文教学的发展做出了重要贡献。

当下，教育教学实践仍在学校不断拓展，“爱的

南京师范大学附属小学今景

教育”这一世纪余音，已然成为南师附小文化的核心理念和办学主张。在此引领下，学校在课程个性化建设上又有新的突破，譬如推出的“访学护照”和“阅读银行”，以及多次举办“家长学堂”，这些令人耳目一新的举措，为学生的身心健康和成长搭建了独有的平台。立于其上，你会看到不一样的风景，收获非同寻常的硕果。

品味“爱的教育”，深悟其中真谛，南师附小仍在继续前行。秉承“以学生终身发展为本，为学生持续发展奠基”的教育使命，全力将学校建设成“国内领先、国际知名，实验性、示范性”的学校。

南京市鼓楼幼儿园（1923）

这是一位著名教育家与幼儿之间的心灵沟通，他以全新理念打造学前教育，开启了中国幼稚心灵之门。这看似普通、寓教于乐的思想交流，却对中国的幼教事业做出了重要贡献。

南京市鼓楼幼儿园坐落在北京西路4号，是由著名儿童教育家、有着“中国幼教之父”的陈鹤琴创办，是我国最早的幼儿教育实验基地。

陈鹤琴

陈鹤琴（1892—1982），浙江上虞人。1914年8月毕业于清华学堂，考取庚款公费留美，就读于约翰斯·霍普金斯大学、哥伦比亚大学，获哥伦比亚大学师范学院教育学硕士学位。

1919年，陈鹤琴回国，任

教于南京高等师范学校，讲授“儿童心理学”课程。他热爱儿童教育事业，潜心研究家庭教育和儿童心理，认为幼稚教育乃是国民教育的基础。

1920 年，他以长子陈一鸣为研究对象，进行儿童心理发展的观察和实验，写就了《儿童心理之研究》一书。彼时的陈鹤琴，第一次做父亲，兴奋之余，他用当时最流行的方式，给新出生的儿子拍了 86 张照片，并逐日记录下孩子在身体、动作、语言、心理方面的种种发育情况。整个跟踪观察期长达 808 天，呈现了一个孩子从婴儿到幼童再到儿童的成长历程。故本书被誉为“中国儿童心理学研究奠基之作”。

初次尝试，颇多收获，孩童的教育，有章可循。但如何把既有的研究成果复制，让更多的幼儿受益？

1923 年，身为东南大学教授兼教务主任的陈鹤琴，本着“试验中国化的幼儿教育……供全国教育界之采用”的主旨，得东大教育科辅助，以其住宅一部分作为校舍，创办了中国第一所幼稚园，取名“东南大学教育科实验幼稚园”。他自任园长，聘请东南大学幼稚教育讲师、美国人卢爱林女士为指导员，留美学生甘梦丹女士为教师，招收东大教授子女 12 名。

陈鹤琴立志创新教育，形成系统的、中国化的学前教育思想。他力图在鼓楼幼稚园的试验田里，将西方的教育学说同中国的具体实践相结合，探索适合中国国情、符合儿童身心发展特点的科学化幼教，提出旨在“做人，做中国人，做现代中国人”的“活教育”。

1925 年，陈鹤琴发动东南大学 11 名教授组成“东南大学教育科实验幼稚园——鼓楼幼稚园”董事会，募捐 33887 元，在头条巷 27 号自家住宅旁购地建起园舍一座，正式对外招生。该园占地 3 亩，计 6 大间，又楼房 4 间，四周有草场及运动场。

在掌握了第一手资料后，陈鹤琴在中国首位男幼儿教师张宗麟的协助下，对幼稚园的课程、教材、教法、设备等方面进行研究，总结出创办中国化幼稚园的理论与经验 15 条，在全国产生了很大影响。

1932—1937 年间，幼稚园两度扩建园舍。全面抗战期间，幼稚园停办。抗战胜利后，幼稚园于 1945 年 12 月 3 日复园开学。新中国成立后，由南京市政府教育局接办，更名为鼓楼幼儿园。

鼓楼幼儿园始终走在探索适合中国国情、科学化和大众化的幼儿教育前列，追随陈鹤琴“活教育”的幼教思想精髓，以“活”为魂，强调“做”与“实践”，注重“鲜活”的内容选择，注重尝试以“激活”体验，注重情趣化、灵活式的学习方式，实现“活教育”三大纲领“做人，做中国人，做现代中国人”“大自然，大社会，都是活教材”“做中学，做中教，做中求进步”的不懈追求。有幸在这样的幼儿园中成长，孩子们的经历，一定会对他们的人生与未来有很大帮助。

近百年来，鼓楼幼儿园人坚持教育理想和教育创新，注重科学研究和实干精神，在队伍建设、课程研究、科学管理上持续探索，先后开展“活动教育课程”“单元教育课程”“幼儿园与小学衔接的研究”“沿着活教育轨迹找寻幼儿园历史文化图谱”“中国百年老园的发展样态研究”等重大课题研究，成果丰硕。其中，“幼儿园单元课程的实践建构”获江苏省基础教育教学成果特等奖，首届国家级教学成果一等奖。

鼓楼幼儿园遵循创始人陈鹤琴“一切为儿童”的教诲，培养了一批“敬业、乐业、专业、创业”的优秀教师，培养了多名省、市各级各类人才。幼儿园先后荣获多种称号，成为一所教学科研并重、内外交流广泛、教育改革领先的现代化幼儿园。

这是人格的魅力和文化的力量，陈鹤琴用自己的行动，为老一代知识分子的风范留下注脚。斯人已去，鼓楼幼儿园仍在，睹物思人，今天的幼儿教育者仍心存崇敬和景仰。陈鹤琴给我们留下了值得回忆的人生篇章，不算惊天动地，却有着悠远影响。